L'ANTI-CÉLIBATAIRE,

OU

LES MARIAGES,

COMÉDIE

EN TROIS ACTES ET EN VERS;

Représentée, pour la première fois, en cinq actes, sur le THÉATRE LOUVOIS, le 1.er Nivôse an 11.

ÉDITION CONFORME A LA DIXIÈME REPRÉSENTATION.

PAR J. B. PUJOULX.

« Si le diable était veuf, il lui trouverait femme ».
ACTE I.er SCÈNE II.

A PARIS;

Chez HUET, Libraire, rue Vivienne, n.º 8.

AN II.

(in.)

AVERTISSEMENT.

QUELQUES personnes seront peut-être surprises de voir qu'un ouvrage représenté d'abord en cinq actes, joué ensuite en quatre pendant huit représentations, et avec un succès non contesté, ait été réduit en trois actes, sans que le public ait paru demander cette nouvelle réduction; mais je dois avouer ici que, ne me laissant pas plus abattre par des critiques peu mesurées qu'éblouir par des éloges peu raisonnés, les conseils des littérateurs, des gens de goût, et mes propres réflexions, ont toujours balancé, dans mon esprit, et ces critiques, et ces éloges. C'est par suite de ces conseils, de ces réflexions que, dès la seconde représentation, je songeai à mettre cette comédie en trois actes, non-seulement parce que cette coupe est peut-être plus dramatique qu'aucune autre, mais encore parce qu'elle m'offrait les moyens de réunir, dans un cadre resserré, les scènes qui avaient été les plus applaudies : je dois donc ces heureux changemens autant à l'espoir de rendre cet ouvrage digne d'un succès durable au théâtre, qu'au desir de justifier l'opinion favorable que des gens de lettres distingués ont conçue sur celui qu'il peut avoir à la lecture.

PERSONNAGES. (*)

DORSEUIL, âgé de 50 à 60 ans. (Physionomie gaie, ouverte. De la chaleur, de la rapidité dans le débit : rien de préparé, de sentencieux.)   M. VIGNY.

RAYMOND, neveu de Dorseuil. (Extérieur d'un jeune homme sage sans austérité. De la raison, de l'ame.   M. DORSAN.

CÉLINE, nièce de Dorseuil. (De la grace, de l'ingénuité, du sentiment.)   M.lle ADELINE.

MERSANGE, ami et voisin de Dorseuil. (De la franchise, de la rondeur.)   M. HABERT.

JULIE, fille du précédent. (Raisonnable sans prétention.)   M.lle BEFFROI.

ÉRARD, beau-frère de Mersange, vieux célibataire campagnard. (L'air froid, apathique, d'un homme inoccupé. S'animant orsqu'il s'agit de ses intérêts ; indifférent sur tout le reste.)   M. PICARD.

M.me MELCOUR, vieille amie et voisine de Dorseuil. (De la bonté.)   M.me PÉLISSIER.

MELCOUR, petit-fils de la précédente. (De la vivacité, de la chaleur, et quelquefois de l'emportement.)   M. BARBIER.

BONIFACE, portier de Dorseuil. (De la bonhommie, de la gaîté, de la sensibilité.)   M. WALVILLE.

CATHERINE, sa femme, cuisinière de Dorseuil. (Mêmes nuances de caractère.)   M.me MOLÉ.

UN JEUNE NOTAIRE. (Rien du pédantisme que l'on donne ordinairement, au théâtre, aux personnes de cet état.)   M. PICARD jeune.

DEUX DOMESTIQUES de Dorseuil. (Personnages muets.)

La scène est à Paris, dans le sallon de M. Dorseuil.

(*) L'indication des caractères des personnages n'est placé ici, à côté de leur nom, que pour répondre à la demande des entrepreneurs de spectacles de différentes villes.

L'ANTI-CÉLIBATAIRE,

OU

LES MARIAGES,

COMÉDIE EN TROIS ACTES ET EN VERS.

ACTE PREMIER.

SCÈNE PREMIÈRE.

CÉLINE, CATHERINE.

(Céline brode du linon ; Catherine tricote : elles sont assises près d'un guéridon sur lequel il y a des bougies allumées. Un instant après le lever du rideau, on entend sonner huit heures à une pendule.)

CATHERINE, *après avoir prêté l'oreille, et compté tout bas.*

Je ne me trompais pas ; c'est huit heures, vraiment ;
Votre oncle et son neveu n'arrivent pas, pourtant,
Et s'embarrassent peu si notre ame agitée...

CÉLINE.

De la campagne, ici, la route est fréquentée :
S'ils n'en sont repartis qu'à la chûte du jour,
Ils ne peuvent pas être encore de retour.
Je connais mon cher oncle : il s'était mis en tête
De commencer lui-même et terminer la fête.
Il a fallu compter la dot à chaque époux ;
Puis faire un compliment. Tu sais qu'il est jaloux
De présider toujours à la cérémonie.

CATHERINE.

C'est-là, convenez-en, une douce manie.

A

Ah! le pauvre cher homme, en tout il se peint bien.
Dès la première année, en achetant ce bien,
Il fonda cette fête, et dota quatre filles :
Les plus sages toujours, et non les plus gentilles.

CÉLINE.

A la plus sage aussi, jadis, en d'autres lieux,
On donnait une Rose.

CATHERINE.

Un bon mari vaut mieux :
Bientôt vous le saurez ; oui, demain l'on fiance.
Vous détournez les yeux. Je ne sais, quand j'y pense,
Comment trop définir le fond de votre cœur ?
Lorsqu'on parle d'époux, vous prenez de l'humeur ;
Hormis devant votre oncle, et cela m'embarrasse,
Car vous êtes sincère, et ce n'est pas grimace.

CÉLINE, *se levant.*

Il vient quelqu'un ce soir ?

CATHERINE.

Quelle affectation !
Quoi ! toujours détourner la conversation !
Ce cher oncle, en fermant les yeux à votre mère,
Lui promit, lui jura de vous servir de père ;
Et, comme d'autre part, il avait un neveu,
Orphelin dès l'enfance, il fit bientôt le vœu,
Etant veuf par deux fois, n'ayant ni fils, ni fille,
De vous unir ensemble ; et voilà sa famille.

CÉLINE.

Hé ! bien, soit ; j'ai promis de l'épouser demain.

CATHERINE.

Quelle feinte froideur ! comme si le cousin
Ne valait pas, en tout, son aimable cousine !

CÉLINE.

Elevée avec lui, ma chère Catherine,
J'appris à l'estimer.

CATHERINE.

L'estimer ! rien de plus ?

CÉLINE.

J'aime son caractère, et sur-tout ses vertus.

CATHERINE.

Toujours des demi-mots. Au surplus, c'est l'usage.
Heureusement vos yeux en disent davantage !

CÉLINE.

Voici votre mari.

SCÈNE II.

LES PRÉCÉDENS, BONIFACE, LE NOTAIRE.

BONIFACE.

Monsieur voudrait savoir
Si, de son petit bien, l'oncle viendra ce soir ?

LE NOTAIRE.

Je suis le successeur de feu son vieux notaire.

CATHERINE.

De celui qui mourut la semaine dernière ?
Brave homme, à ce qu'on dit.

LE NOTAIRE.

Je voulais m'expliquer
Sur quelques points de fait, qu'il peut seul m'indiquer.
Il me fit passer, hier, plusieurs notes sommaires :
J'ai rédigé le tout. Les contrats ordinaires
Sont aisés à dresser lorsque l'on a le fonds ;
Mais il me manque encor deux noms et les prénoms.
Ces détails sont pressans, car c'est demain qu'on signe.
Les deux actes sont prêts, pourvu qu'on me désigne...

BONIFACE, *montrant Céline.*

L'un est pour la cousine, avec un cher cousin.

CATHERINE.

L'autre pour la voisine, avec un cher voisin.

LE NOTAIRE.

Je débute à merveille, et votre signature,
Pour un jeune notaire, est d'un fort bon augure.
L'époux est jeune aussi ?

BONIFACE.

Si vous vivez long-tems,
Vous pourrez marier tous leurs petits enfans.
(Catherine tire son mari par la manche.)

LE NOTAIRE.

Pourquoi pas ? le cher oncle aura la main heureuse.
Sa famille paraît extrêmement nombreuse.

BONIFACE, *riant.*

Il n'eut jamais d'enfans.

LE NOTAIRE.

Cela ne se peut pas ;
J'ai vu son nom couché sur plus de cent contrats.
Le bon monsieur Dorseuil, j'en ai la certitude,
Occupe, à lui tout seul, la moitié de l'étude :
Mon maître-clerc l'assure.

BONIFACE.

Eh ! bien, voici le mot :
Chacun, dans ce bas-monde, a ses goûts et son lot...

CATHERINE.

Ses goûts, il les saura ; d'ailleurs, que vous importe ?
Votre lot, Boniface, est d'être à votre porte.
On peut frapper.

CÉLINE, *bas à Catherine.*

Paix donc.

BONIFACE.

Hé ! mon dieu, là, tout beau.
Si l'on frappe, d'ici, j'entendrai le marteau.
Quand je quitte l'ouvrage, ah ! gronde, je le passe ;
Mais, à la fin du jour, causer, cela délasse.
(au notaire.)
Je dis donc que les goûts, du bon monsieur Dorseuil,
Vous prouveront assez, dès le premier coup-d'œil,

Qu'ainsi qu'on voit certain malade imaginaire
Occuper médecin, et même apothicaire;
De même le cher oncle, en ses projets divers,
Peut, sans peine, occuper un notaire et ses clercs.

LE NOTAIRE.

Je trouve ce goût-là, vraiment, fort raisonnable.

CÉLINE.

Votre prédécesseur le trouvait... profitable.

BONIFACE.

Sa récompense, à lui; le plus doux de ses vœux
Est de dire, par fois, en voyant deux heureux :
« C'est moi qui les unis ». Oui, malgré deux veuvages,
N'ayant point eu d'enfans, il fait des mariages,
Et paie ainsi sa dette à la société.
C'est travailler, dit-il, pour la postérité.

LE NOTAIRE.

C'est bien.

BONIFACE.

En ce moment, d'un coup, il en fait quatre.

LE NOTAIRE, *surpris.*

Quatre contrats! eh! quoi...

BONIFACE.

Je n'en veux rien rabattre.
Il dote quatre époux dans son bien près Paris.

LE NOTAIRE, *souriant avec ironie.*

Oh!... l'on parle beaucoup de la fête et du prix.

CELINE.

De cette fête-là, chacun parle à sa guise :
Ne pouvant la noircir, on la ridiculise.
Mon oncle peut pousser son goût un peu trop loin,
Mais, d'obliger sans cesse il prouve le besoin.
Ce goût est respectable. Assez d'autres médisent;
Assez de vains esprits nous trompent, nous divisent.
J'aime un homme de bien jusques dans ses erreurs :
La raison en gémit, jamais les bonnes mœurs.

Si de mon oncle, enfin, chacun suivait la route,
Nous serions tous unis, et tous heureux, sans doute.

BONIFACE.

Si vous plaidez pour lui, je suis hors de débat.

LE NOTAIRE.

La vertu n'eut jamais de plus digne avocat.

BONIFACE.

Son but est excellent; nous louons tous la chose ;
C'est l'excès seulement qui fait que l'on en glose.
Je veux me marier; qu'il me cherche un parti,
Fort bien; mais ce n'est pas toujours de même ici.
A force de presser, le cher oncle commande;
Puis, si vous faiblissez, vîte, il fait la demande;
Bref, il aura tant fait, tant couru, tant prié,
Que, sans vous en douter, vous serez marié.

CÉLINE, *à part, bas.*

Hélas ! oui.

LE NOTAIRE.

Cela même annonce une belle ame.

BONIFACE.

Si le diable était veuf, il lui trouverait femme.

CATHERINE, *au Notaire.*

Êtes-vous marié ?

LE NOTAIRE.

L'hymen n'est point un jeu.
J'ai le tems d'y penser.

CATHERINE.

Vous le serez dans peu.
(*On entend frapper deux coups à la porte cochère.*)

BONIFACE.

On frappe, je descends. — Femme, à votre cuisine.
L'oncle reçoit ce soir le voisin, la voisine.

LE NOTAIRE.

Est-ce lui qui revient ?

BONIFACE.

Non, il frappe trois coups.

LE NOTAIRE.

En ce cas, mon ami, je descends avec vous.
(à *Céline.*)
Dites-lui, s'il vous plaît, que je n'attends, pour clore,
Que les renseignemens qui me manquent encore,
L'un des contrats vous touche; et cet empressement
De mon zèle pour vous est un bien sûr garant.
(*Il sort par le fond avec Boniface.*)

CATHERINE, *sortant à gauche.*

A votre oncle, je crois, cet homme saura plaire;
Mais il ne sera pas long-tems célibataire.

SCÈNE III.

CÉLINE, *seule.*

ME voilà seule enfin. Ah! depuis quelque tems
J'aime la solitude, et, d'instans en instans,
A peine je la goûte, on m'arrache à ses charmes.
Quand on est seule on ose au moins verser des larmes.
Hélas! chacun ici parle de mon bonheur,
Et moi je cherche en vain à rassurer mon cœur.
Lorsqu'on parla d'hymen, j'étais indifférente;
J'ignorais que mon ame était sensible, aimante,
Et qu'un jour... ah! Melcour!... je dois sacrifier...
En épousant Julie il saura m'oublier.
Mon oncle près de lui veut fixer sa famille :
(*avec dépit.*)
C'est assez naturel. Mais cette pauvre fille,
Cette aimable Julie, il va s'imaginer
Qu'elle aime aussi Melcour. —Si je sais deviner,
Mon cher oncle, malgré votre louable envie,
Nous serons tous ici dupes d'une manie...
S'il avait bien su lire au fond de notre cœur,
Il eût de quatre amans assuré le bonheur.
(*avec mystère.*)
Il ne fallait... je crois, que faire un doux échange;
Mais à son âge, hélas! on peut prendre le change.
Pour deviner l'amour, il faut encor aimer.

SCÈNE IV.

CÉLINE, MELCOUR (*qui est entré aux deux vers précédens.*)

MELCOUR (*dans le fond, à lui-même.*)

CE n'est pas toujours vrai ; telle qui sait charmer...

CÉLINE, *étonnée et confuse.*

Hé ! quoi, c'est vous, Melcour.

MELCOUR.

J'entrais.

CÉLINE.

A l'instant même ?

MELCOUR.

A l'instant.

CÉLINE.

Cependant... ma surprise est extrême ;
Vous avez entendu...

MELCOUR.

Quelques mots seulement,
Qui vous mettraient en guerre avec plus d'un amant ;
Car telle femme, aimable et qui paraît sensible,
Croit n'avoir qu'un ami, quoiqu'il soit fort possible
Que quelque voisin l'aime ; et du moins, en ce cas,
Elle saurait aimer, sans deviner, hélas !
L'amour respectueux dont on brûle pour elle

CÉLINE (*un peu embarrassée.*)

Votre mère a laissé son écuyer fidèle ?

MELCOUR.

Elle ne viendra pas souper ici ce soir.
Je disais... mais un fait fera mieux concevoir...
J'ai connu... je connais une femme charmante,
Dont l'esprit enchanteur et la grace touchante...

CÉLINE, *à part.*

De nos fades romans quelque héroïne enfin...

MELCOUR.

Elle aime, à ce qu'on dit, un aimable cousin.

CÉLINE.

Son... cousin ?

MELCOUR.

Qui l'épouse : et pourtant elle ignore
Qu'un... de mes bons amis depuis long-tems l'adore.

CÉLINE.

Depuis... long-tems !

MELCOUR.

Long-tems. Et cette femme-là
Est aimante, sensible, et ne voit pas cela.

CÉLINE, *troublée.*

Peut-être qu'en secret malheureuse et soumise...
Mais changeons d'entretien.

MELCOUR.

Non, il faut que je dise
Ce que mon ami souffre en ce cruel moment.
Tenez ! pour ajouter encore à son tourment,
On va le marier.

CÉLINE.

Une estimable amie
Peut le dédommager... d'une amante chérie.

MELCOUR.

Non, je dois en juger d'après mon propre cœur ;
Loin de celle qu'on aime il n'est point de bonheur.
Croyez...

CÉLINÉ, *se remettant.*

Je crois qu'on peut parler tant qu'on espère ;
Mais que, l'espoir passé, Melcour, on doit se taire.

MELCOUR.

Si j'avais peint plutôt ses tendres sentimens ?

CÉLINE.

Ne m'interrogez pas, Melcour, il n'est plus tems.

MELCOUR.

Vous ne connaissez pas la bonté de ma mère.

CÉLINE.

Mais je connais mon oncle; il m'a servi de père :
Raymond est son espoir; les deux contrats sont prêts.
Qui ? moi ! j'irais troubler son bonheur à jamais ?
De tant d'ingratitude, ah ! je suis incapable;
Et d'ailleurs je serais vraiment inexcusable.
Contraint-il donc mon cœur ? Non, il a mon aveu.

MELCOUR, *s'échauffant par degrés.*

Il voulait réunir sa nièce et son neveu :
Ce projet une fois bien formé dans sa tête,
De votre aveu bientôt il a fait la conquête.
N'a-t-il pas fait de même ? ô ciel ! à mon égard.
Il presse, il assassine; et, sans aucun retard,
Sur un mot équivoque il fonde une promesse.
Julie est, il est vrai, digne de ma tendresse;
Mais... elle ne l'a pas; et cependant demain
Je signe... mon malheur; car j'éclate à la fin.

CÉLINE.

Melcour, vous oubliez...

MELCOUR.

                    Hé ! que dans sa manie
Votre oncle, chaque jour, réunisse et marie
Ces êtres froids et nuls, dont l'ame ne sent rien,
Qui cherchent une femme en calculant son bien :
Sur de pareils liens qu'il appaise sa rage,
Oh ! soit, c'est une vente et non un mariage :
Mais qu'il se mêle aussi de l'union des cœurs !...
L'amour simple et naïf fuit ces entremetteurs;
Il aime le secret, il cherche le mystère :
Un tendre aveu toujours est le juste salaire,
Le digne prix enfin du plus pur sentiment;
Et l'amante jamais ne le doit qu'à l'amant.

CÉLINE.

Le malheur vous aigrit. Mon oncle est bon, sensible.

MELCOUR.

Oui, je connais son cœur : mais il croit tout possible;

Et puisqu'en ses soupçons il veut n'errer jamais,
Que n'a-t-il deviné que je vous adorais !

CÉLINE.

Vous voulez me forcer à fuir votre présence.

MELCOUR, *l'arrêtant.*

Trop long-tems, je le sens, j'ai gardé le silence.

CÉLINE.

Je veux le rompre aussi pour la dernière fois.
De la nécessité pesez les dures lois.
A mon oncle, à Raymond j'ai fait une promesse :
Quand vous seriez, Melcour, l'objet de ma tendresse,
Ah ! vous n'en devriez concevoir nul espoir,
Car, dans mon cœur, l'amour céderait au devoir.

MELCOUR.

Vous n'aimâtes jamais.

CÉLINE, *vivement.*

J'entends, je crois, Julie.

MELCOUR.

Hélas ! je ne puis voir ici que son amie.

CÉLINE, *troublée, mais avec force.*

Si vous rompiez le nœud que mon oncle a formé,
Je vous haïrais plus que je ne vous aimai.

MELCOUR.

O ciel ! qu'avez-vous dit !

CÉLINE, *avec confusion.*

C'est elle, avec son père.

SCÈNE V.

LES PRÉCÉDENS, MERSANGE, JULIE.
(*Julie salue Melcour, et va embrasser Céline.*)

MERSANGE.

Hé quoi ! tout seuls ici ? — Je ne vois point ta mère.

MELCOUR, *se remettant.*

Elle est indisposée ; elle ne viendra pas.

MERSANGE.

Vraiment je l'ignorais, et, logeant à deux pas,
J'y cours.

MELCOUR.

C'est peu de chose ; un léger mal de tête...

MERSANGE.

Qu'elle se porte bien pour demain, pour la fête.
(à Céline.)
L'oncle et le cher neveu nous ont donc oubliés ?

JULIE.

Ils ont voulu danser avec les mariés ;
Et puis le tems s'écoule assez vite au village.

MERSANGE.

Je voudrais voir Raymond ; je voudrais voir ce sage ;
Lui qui fuit tous ces jeux, tous ces plaisirs bruyans,
Il doit être étourdi par les danses, les chants
Et la franche gaîté des bonnes villageoises.

JULIE.

Il la préfère au ton de nos fades bourgeoises :
Ces jeux sont pour son cœur un spectacle attachant.

MERSANGE.

Moi, je le vois d'ici dans quelque coin, rêvant,
Philosophant tout seul sur l'humaine folie.

JULIE.

Moi, je le vois dansant.

MELCOUR.

Oh ! pour le coup, Julie,
Vous ne connaissez pas le stoïque voisin.

CÉLINE, *souriant.*

Je voudrais en effet voir danser mon cousin.

MERSANGE.

Raymond danser, ma fille !

JULIE.

Eh ! oui, je le parie.
Quoi ! ne dirait-on pas que la philosophie
Exclut la gaîté franche ? ah ! dites donc plutôt,
Qu'en tout tems le vrai sage a la gaîté qu'il faut.
Il ne rit pas... par ton, ou bien par flatterie ;
Mais il rit... sensément ; oui, lorsqu'une saillie,
En n'attaquant personne, a ce sel, ce piquant,
Qui laisse à froid le sot, et plaît même au savant.

MERSANGE.

Elle défend Raymond avec ses propres armes.

MELCOUR, *avec contrainte.*

A la plus faible cause on peut prêter des charmes.
Son esprit...

MERSANGE, *prêtant l'oreille.*

Ala dispute il mettra bientôt fin,
Car l'oncle et le neveu sont de retour enfin.
Notre cher *marieur...*

SCÈNE VI.

LES PRÉCÉDENS, DORSEUIL, RAYMOND, *tous
deux en habits de voyage.*

DORSEUIL, *prenant la main de Mersange, en entrant.*

Bonjour, amis, famille.
(embrassant Céline.)
Bonjour, ma chère nièce, ou plutôt chère fille.
(à Melcour et à Julie.) *(à Melcour.)*
Bonjour les amoureux. La maman ne vient pas ?
Tant pis. — Vous discutiez ? Sans doute les débats
Roulaient sur la longueur de mon charmant voyage !
Vous vouliez nous gronder en arrivant, je gage ?

Nous nous justifierons ; vous nous approuverez.
De n'être pas venus, vous vous repentirez.
La fête était superbe, et le tems magnifique.
On vous attendait tous ; et vraiment cela pique...

MERSANGE.

Je suis si vieux, mon cher.

DORSEUIL.

Bon !... ça t'eût rajeuni.
Ma voiture est fort douce, et le chemin uni.
Ton âge ? c'est le mien, et j'ai dansé.

MERSANGE.

Toi, passe.

DORSEUIL.

Ah ! c'est qu'on dit fort bien que le plaisir délasse.
Mais, je le vois, chacun me semble impatient
D'entendre le récit...

MERSANGE.

Ah ! permets, un instant,
Que ton neveu nous dise.

DORSEUIL, *vivement.*

Oh ! non.

MERSANGE.

Comme il s'enflamme !

DORSEUIL.

Raymond décrirait mal ; Raymond n'a pas mon ame.

MERSANGE.

Il ne s'agit ici d'ame, ni de chaleur

DORSEUIL.

De la fête, mon cher, j'étais premier acteur.
Ainsi, je dois...

MERSANGE.

Encor ! notre dispute est grande,
Un mot la juge : *(à Raymond).* As-tu dansé ?

DORSEUIL.

Belle demande !

MERSANGE, *à Raymond.*

Hé ! reponds.

RAYMOND.

Oui, vraiment, je ne m'en cache pas.
La danse n'eut jamais pour moi beaucoup d'appas;
Mais aux bals villageois on a de l'indulgence,
Et l'on va toujours bien lorsqu'on saute en cadence.
D'ailleurs, nous étions là chez de bons laboureurs :
Il faut se conformer à leurs goûts, à leurs mœurs;
Partagez leurs plaisirs, et vous doublez la fête :
Soyez triste, aussi-tôt votre air froid s'interprête.
Ces gens-là, disent-ils, dansent trop bien pour nous;
Et quand la danse enfin serait le lot des fous,
J'aimerais encor mieux faire cette folie,
Qu'un refus, sans motif, qui souvent humilie.

DORSEUIL.

De savoir ces détails vous avez le loisir.
Moi, je veux faire à tous partager mon plaisir.

JULIE, à *Céline.*

Je connais de Raymond les goûts, le caractère;

DORSEUIL.

M'écoutez-vous enfin, ou bien je vais me taire ?

MERSANGE.

Tu serais trop puni.

DORSEUIL.

Quand le plaisir fut grand
Il est vrai qu'on jouit en se le rappellant.
(*on écoute.*)
Vous savez que dotant les filles les plus sages
J'assiste chaque année à quatre mariages.
Ce jour pris : le desir hâtant notre réveil,
Nous arrivons là-bas au lever du soleil :
Chez mon vieux laboureur droit nous allons descendre.
De champêtres concerts bientôt se font entendre :
Mon cœur déjà palpite, en songeant que ces chants
Annoncent le bonheur de vertueux amans.
J'apperçois l cortège; au devant je m'avance :
Étonné, je m'arrête... interdit, j balance,
Et cherche à distinguer mes huit futurs époux...
Je crois en compter vingt. « Eh quoi! nous trompons-nous?
Dis-je alors à Raymond, » ou mon ame attendrie
» Double-t-elle à mes yeux une image chérie » ? —

« Braves gens, nous dit-on, vous paraissez surpris ?
» Au lieu de quatre hymens, nous en célébrons dix ».—
Tant d'époux en un jour! quel plaisir!... mais tout change.
L'assemblée à l'instant sur deux files se range.
Un silence profond, succède aux jeux, aux chants ;
Et je vois s'avancer au milieu des deux rangs
Un vieillard dont les traits et la noble démarche...
Je croyais voir revivre un ancien patriarche :
Son visage était doux, pourtant à son aspect
Tous se sont découverts en signe de respect.
« Brave homme, me dit-il, le légitime hommage
» Que chaque année ici l'on offre à la plus sage
» A fait naître en nos cœurs quelques difficultés :
» Quatre vont ressentir l'effet de vos bontés ;
» Mais vous en voyez dix, et chacune en est digne :
» Toutes demandent donc qu'entr'elles on désigne
» Celles dont l'indigence a droit à des bienfaits.
» Ah! veuillez prononcer ; c'est à vous désormais...—
» Vieillard, c'en est assez. Je vais tout vous remettre.
» La sagesse a parlé. Je vous laisse le maître
» De disposer des prix »... — Dans mon ravissement
Je voulais les doter toutes dix sur-le-champ.

MERSANGE.

En doter six de plus! la somme eût été forte.

DORSEUIL.

Le cœur calcule-t-il? D'ailleurs, ami, qu'importe,
Cela m'eût fort gêné pendant un mois ou deux ;
Mais, peut-on s'appauvrir en faisant des heureux!
A peine j'ai parlé, l'on m'entoure, on me presse...
J'entre au temple ; à l'instant le calme à l'alégresse
Succède. Les amans, l'œil fixé vers les cieux,
Prononcent le serment tendre, religieux...
Ils sont époux enfin, et les chants recommencent.
Tout s'anime autour d'eux; les vieillards même dansent.
Il me tardait pourtant que ces jeux prissent fin :
Les amans, comme on sait, n'ont presque jamais faim...
Je parle du dîner, et je vois qu'on y pense :
Il était préparé dans une grange immense...

RAYMOND, à Mersange.

Chez ce cultivateur riche que l'an dernier
Mon oncle, malgré lui, voulait remarier.

DORSEUIL.

Oui, nous nous plaçons tous près d'une table ronde :
J'aime ces tables-là, chacun voit tout le monde.

SCENE VII.

LES PRÉCÉDENS, *un domestique ayant une serviette sur
le bras, paraît au fond.*

MERSANGE, *l'appercevant.*

ON a servi, je crois.

DORSEUIL.

Hé ! c'est trop tôt, vraiment.

MERSANGE.

Tu nous raconteras les détails en soupant.

DORSEUIL.

Un mot : de chaque époux, tour-à-tour je m'approche...

MERSANGE.

Nous t'avons attendu fort long-tems, sans reproche.
Tes époux sont à table, il faut les imiter.
Demain, nouveaux plaisirs ; ah ! nous allons fêter
Une double union, dont mon ame présage...

DORSEUIL, *avec transport, s'approchant des
quatre jeunes gens.*

Ces deux liens, ami, sont aussi mon ouvrage.

MERSANGE.

Oui, tu sus deviner le secret de leur cœur.
Tu m'aidas de ma fille à faire le bonheur.

MELCOUR, *avec contrainte.*

Nous devons partager votre reconnaissance.

DORSEUIL.

Aimez-vous toujours bien, j'aurai ma récompense.

(Ils sortent ; le domestique emporte les flambeaux.)

FIN DU PREMIER ACTE.

B

ACTE DEUXIÈME.

SCÈNE PREMIÈRE.

DORSEUIL, RAYMOND, *en habits de ville.*

DORSEUIL.

MERSANGE reverrait son froid beau-frère enfin?
Il viendrait à Paris? mais est-ce bien certain?

RAYMOND.

Oui, lui-même à l'instant m'a dit de sa croisée
Qu'Érard est arrivé.

DORSEUIL.

Ce n'est pas chose aisée
Que de dépaïser un campagnard reclus,
Qui ne voit que sa terre au monde, et rien de plus.

RAYMOND.

Mersange et lui, dit-on, n'étaient pas bien ensemble.

DORSEUIL.

Bah! l'hymen de Julie aujourd'hui les rassemble,
Et j'espère bientôt en faire deux amis :
Je n'aime pas à voir des parens désunis.
Puisqu'entre hommes hélas! on hait pour des vétilles,
Ah! conservons du moins la paix dans les familles.

RAYMOND.

Diviser est toujours l'œuvre de peu d'instans,
Réunir n'est jamais que l'ouvrage du tems :
Vous allez me traiter de jeune moraliste ;
Mais vous, n'êtes-vous pas un peu trop optimiste?

DORSEUIL.

Non, j'apperçois le vice, et j'en suis indigné.
Sur des crimes heureux, va, mon cœur a saigné ;
Toi-même tu m'as vu plusieurs fois en ma vie
Attaquer l'injustice avec quelque énergie.

Quand je vois des méchans se disputer entr'eux,
Je ne me jette point entre ces malheureux
Pour les concilier; je me dis : leur présence
Ne trouble pas du moins la paix de l'innocence;
Mais, malgré moi, mon cher, lorsque des gens de bien
Se quittent pour un mot, se brouillent pour un rien,
J'accours; à la raison mon cœur cherche à les rendre.
Pour vivre bien ensemble, il ne faut que s'entendre.

RAYMOND.

Si ce sont deux amans qui se brouillent ainsi,
Vous redoublez de soins?

DORSEUIL.

Ai-je tort, mon ami?
Je fus amant jadis, et sans une bonne ame,
Qui pressa les parens de ma première femme,
Mes beaux jours s'écoulaient dans le plus noir chagrin :
Aimé, j'avais son cœur, un autre eût eu sa main.
D'ailleurs cet âge aimable est sans expérience :
Trop souvent les parens calculent à l'avance
Les biens-fonds du futur, et non ses sentimens,
Et vendent le bonheur hélas! aux plus offrans.
De la perte des mœurs telle est l'affreuse cause,
Aussi depuis long-tems à ce torrent j'oppose
Le zèle le plus pur, les plus sincères vœux,
Lorsqu'il s'agit d'unir deux amans vertueux.

RAYMOND.

C'est bien, mais... vous aimez, mon oncle, ma franchise...
Le cœur parle bien bas. Quelquefois on déguise
Sous un air triste et froid un tendre attachement.
D'autres fois l'ami chaud a les traits d'un amant.
L'officieux alors saisit un faux indice:
Il presse les parens de faire... une injustice;
Et le respect, la crainte arrachant des aveux,
Par un zèle indiscret on fait des malheureux.

DORSEUIL.

Oh! j'ai le tact plus fin. Quand je vois une femme,
Je lis d'un seul coup-d'œil jusqu'au fond de son ame.

RAYMOND.

J'entends, je crois, Mersange.

B 2

SCÈNE II.

DORSEUIL.

Eh! quoi, mon cher voisin,
Sans ton beau-frère?

MERSANGE.

Il a reposé ce matin;
Il était fatigué.

DORSEUIL.

Mais il viendra, sans doute?

MERSANGE.

Dans l'instant. — A propos, mon ami, je redoute
A son aspect ton air ironique et piquant.
Son faible, je l'ai dit, n'est pas d'être obligeant :
Mais de feu mon épouse enfin il est le frère,
Ainsi ne cède pas trop à ton caractère.
Songe qu'il vient ici pour signer le contrat
De ma chère Julie.

DORSEUIL.

Eh! oui, je fais état
De cet empressement, et sur-tout du voyage;
Mais, cher Mersange, il faut qu'il fasse d'avantage.
Il est riche, dit-on; seul, je lui parlerai. —
Je ne le connais pas.

MERSANGE.

Non, non, je te prierai
De ne point lui parler d'intérêts de famille.

DORSEUIL.

Qu'il se marie, ou bien je prétends qu'à ta fille
Il fasse un avantage.

MERSANGE.

Eh quoi! c'est-là ton but?

RAYMOND.

Mon cher oncle est pressant.

DORSEUIL.

Il paîra le tribut.
On l'estime fort peu; moi, je veille à sa gloire,
Et du mépris public je sauve sa mémoire.

MERSANGE.

Tu plaisantes, Dorseuil, et tu nous brouilleras...

DORSEUIL.

C'est entre nous, cela ne te regarde pas.
Au nom des deux amans je prendrai la parole...
Mais je n'ai pas besoin de répéter mon rôle.
Laissez-moi seulement quelque tems avec lui. —
Du futur as-tu vu la grand'mère aujourd'hui?

MERSANGE.

Oui, nous avons un peu causé de nos croisées :
Entre voisins on fait des visites aisées.
    (*appercevant Érard.*)
Ah! voici mon beau-frère.

SCÈNE III.

LES PRÉCÉDENS, ÉRARD.

MERSANGE, *allant au devant de lui.*

OUI, c'est ici, mon cher:
La maison est si près, tu n'a pas dû chercher?
    (*lui indiquant Dorseuil.*)
Nous sommes chez l'ami de toute la famille;
C'est lui qui s'est chargé de marier ma fille. —
Dorseuil, je te présente un de mes bons parens
Arrivé cette nuit, et dont les sentimens...

ÉRARD, *saluant avec un ton froid et ennuyé.*

Je serais très-flatté... si mon petit voyage
Me procurait, messieurs... le sensible avantage
De cultiver... hélas! c'est pour bien peu de tems.

DORSEUIL.

Nous jouirons du moins pendant ce peu d'instans.

(*bas à Raymond, tandis qu'Érard va poser son chapeau et sa canne.*)

Tiens ! je ne sais pourquoi son aspect seul m'attriste.
Célibataire et vieux !

RAYMOND, *bas.*

Ajoutez égoiste.

DORSEUIL, *bas à Mersange, tandis qu'Érard va saluer Raymond.*

Est-il vrai ? réponds donc.

MERSANGE.

Ne m'interroge pas.

DORSEUIL, *bas.*

Son ton froid le trahit plus que ton embarras.

MERSANGE.

Paix.

DORSEUIL, *à Érard qui s'approche.*

Je parlais de vous avec votre beau-frère,
Qui, connaissant vos goûts et votre caractère,
Vous sait beaucoup de gré d'avoir quitté vos biens
Pour venir assister au plus doux des liens.

ÉRARD.

J'ai balancé long-tems ; sa lettre était pressante,
D'ailleurs j'ai dans Paris une affaire importante ;
Mais, franchement, je crois que si j'étais là-bas,
Connaissant le chemin, je ne partirais pas.
C'est un enfer vraiment que cette diligence :
On y trouve des gens, dont le ton, l'impudence...
Le croirez-vous, messieurs ! oui, dès le premier jour,
A peine on me connut, chacun me fit un tour.
Puis, dès le lendemain, pour comble de disgrace,
De force on m'arracha de la première place :
Et pour qui ? s'il vous plaît ; pour un petit enfant
Qui ne pouvait, dit-on, rester sur le devant.
Je tâchais de dormir, on m'éveillait sans cesse.
Quand nous allions la nuit, pour me faire une pièce,
On criait tout-à-coup : « Au voleur ! au voleur » !
Ce cri tourne le sang, quoique l'on n'ait pas peur.
Enfin, le dernier jour, je demande à descendre ;
J'étais un peu malade, et priai de m'attendre :

Le conducteur promet; mais, sans me dire mot,
Le jeune postillon met les chevaux au trot.
Je criais... Dieu le sait! on m'entendait sans doute,
Néant! je fis à pied plus d'une heure de route :
Bref, j'arrive à l'auberge, où, tout transi, trempé,
Et voyant que chacun avait déjà soupé,
Je demande un fagot, un peu de nourriture;
On me répond : « L'on part, montons dans la voiture».

DORSEUIL.

Quoique les voyageurs nous peignent tout en beau,
Pour qui vit du pays ce train n'est pas nouveau.

ÉRARD.

Il l'est pour moi, monsieur. Je veux vivre à ma guise :
Chacun pour soi, voilà la meilleure devise.
Si je suis une fois de retour dans mes champs,
On ne me verra pas à Paris de long-tems.

RAYMOND.

Vous aimez, je le vois, beaucoup l'agriculture?

ÉRARD.

Oh! non, je n'eus jamais de goût pour la culture.
Bon dieu! moi! me charger de tout cet embarras!
Mes biens sont affermés, je ne m'en mêle pas.

DORSEUIL.

J'entends; dans le pays la compagnie est bonne.

ÉRARD.

Pour être indépendant, il faut ne voir personne.

DORSEUIL.

C'est çà; d'ailleurs la chasse est un délassement.

ÉRARD.

La chasse? ah! c'est plutôt un travail assommant.

RAYMOND.

Quand on vit isolé l'étude est un délice.

ÉRARD.

L'étude, en tous les tems, pour moi fut un supplice.

DORSEUIL.

Quel caractère heureux! ne s'attacher à rien!
Mais, à ce que je vois, vous vous amusez bien?

ÉRARD.

Je vais.... par-ci, par-là... je vois.... ce qui se passe;
Je rentre, puis je sors... et cela me délasse.

RAYMOND, *à part.*

Se délasser est fort! je n'y puis résister.
(haut, perdant presque patience.)
Vous délasser ! de quoi ?

DORSEUIL, *à demi-voix.*

Du travail... d'exister.

(à Érard.)
Pour trouver tant d'attraits au sein de l'indolence,
Sans doute, autour de vous règne aussi l'abondance;
Votre canton est riche ?

ÉRARD.

Oh ! çà, je n'en sais rien;
Mais je sais seulement que j'y vis assez bien.

DORSEUIL, *à part.*

Je suis près d'éclater. Ce dernier mot m'assomme.
L'égoïste par fois n'a plus les traits de l'homme.

MERSANGE, *bas vivement.*

Dorseuil, c'est mon beau-frère : au nom de l'amitié...

DORSEUIL, *se remettant, à Mersange.*

Va, tous les malheureux ont droit à ma pitié :
Il l'est, c'en est assez.

RAYMOND.

Je le vois, monsieur pense
Que le parfait bonheur est dans l'indépendance;
Car c'est ainsi qu'il nomme un froid isolement :
Mais mon cœur m'avertit hélas ! à chaque instant,
Que malgré sa raison, sa force, son courage,
L'homme a recours à l'homme en tous lieux, à tout âge.
J'eus besoin de secours pour tresser mon berceau;
Mort, j'en aurai besoin pour creuser mon tombeau.
Il faut nous entr'aider; c'est une loi suprême
Que, pour notre intérêt, nous dicta le ciel même.

ÉRARD.

A mon âge sur-tout on connaît cette loi,
Et j'ai depuis long-tems quelqu'un auprès de moi.

DORSEUIL, *à Mersange.*

Tu vois que sa morale est assez bien sentie.
Mais je veux ranimer son ame anéantie.
        (*à Érard.*)
L'existence, monsieur, n'est pas le mouvement.
L'on ne vit, croyez-moi, que par le sentiment.
Dans ce monde, qui veut marquer son court passage,
Doit, par quelques bienfaits, embellir le voyage.
L'or n'est rien au bonheur : il n'est pas en effet
Dans le bien que l'on a, mais dans celui qu'on fait.
Las ! vous commencez tard un doux apprentissage;
Mais il est encor tems d'être bon, d'être sage.
Prenez l'instituteur dans un sexe charmant :
Près d'un objet aimable on s'instruit aisément.
Voulez-vous raviver votre triste campagne ?
Voulez-vous vivre enfin ? prenez une compagne.

ÉRARD.

Me marier ! oh ! non, cela me gênerait.

DORSEUIL, *à part.*

C'en est trop. Dans mon cœur il éteint l'intérêt.
        (*haut.*)
Oui, cela pourrait bien vous émouvoir la bile :
Vivre près d'une femme est chose difficile.
Puis, on ne prévoit pas tous les événemens :
Qui sait ! peut-être un jour vous auriez des enfans;
Alors quel embarras ! comment se reconnaître !
De vous, de vos momens vous ne seriez plus maître ;
Et si, comme on peut croire, ils étaient caressans,
Ils vous accableraient par leurs embrassemens.
Contre ces êtres là quel cœur aurait des armes !
Peut-être, malgré vous, vous verseriez des larmes :
De tant d'émotions vous seriez bientôt las :
Non, non, mon cher monsieur, ne vous mariez pas.

ÉRARD, *un peu vexé*

Vous plaisantez, peut-être ?

RAYMOND.

                Eh ! non, je vous assure;
Mon oncle vous a peint l'hymen d'après nature ;
Mais l'être qui s'isole au sein du célibat,
Avec les passions n'a jamais de combat;

Et je gage, monsieur, que dans votre campagne
Un sentiment... bien doux par-tout vous accompagne;
Car enfin votre vie à ceci se réduit :
Vous bâillez tout le jour, et vous dormez la nuit.

ÉRARD, *à Raymond et à Dorseuil.*

Pourquoi mêler ainsi le vrai, la raillerie ?
Expliquez-vous, monsieur, nettement, je vous prie;
Et, vous cédant la place, on pourrait éviter...

DORSEUIL.

On voulait vous convaincre et non vous irriter;
D'un ami nous devons ménager le beau-frère :
Je hais le célibat... et je suis si sincère...

MERSANGE, *prenant Raymond par la main.*

Nous vous laissons tous deux. Allons, modère-toi.
Faites la paix. — Tu sais que nous dînons chez moi.
Je vais avec Raymond voir la chère voisine.

DORSEUIL.

C'est fort bien.

RAYMOND.

Avec nous j'emmène ma cousine.

DORSEUIL.

Dis plutôt ton amie : ah ! ce titre est plus doux,
Et devance les noms et d'épouse et d'époux.

(Raymond et Mersange sortent.)

***

SCÈNE IV.

ÉRARD, DORSEUIL.

DORSEUIL, *les regardant sortir.*

C'est un joli sujet; il épouse ma nièce :
Ils sont, à tous égards, dignes de ma tendresse.

ÉRARD.

Et Julie aime-t-elle aussi son prétendu ?

DORSEUIL.

Ils s'adorent vraiment; je peux en être cru,

Puisque je les unis. Oui, de votre beau-frère
J'ai les pouvoirs écrits. Pour Melcour, sa grand'mère,
Depuis près de deux mois, me les avait donnés.

ÉRARD.

Vous prennez bien des soins! vraiment vous m'étonnez.

DORSEUIL.

C'est de cœur. De l'hymen ma maison est le temple;
Et, comme on dit qu'il faut toujours prêcher d'exemple,
Je pourrai bien un jour aussi me marier.

ÉRARD.

Vous! à votre âge! allons!

DORSEUIL.

Pourquoi se récrier?
On peut trouver, je pense, une compagne aimable,
Dont l'âge mûr aussi, le caractère affable...

ÉRARD.

Quoi! de l'hymen si tard vous connaîtrez les lois?

DORSEUIL.

Oui, je les connaîtrai pour la troisième fois.

ÉRARD, *très-surpris.*

Pour la!...

DORSEUIL.

Certainement. Qui? moi, célibataire?
En ai-je donc, bon dieu! l'air ou le caractère?
Lorsque je vous ai peint cet aimable lien,
Je parlais d'un bonheur que je connaissais bien:
Ainsi donc, m'écoutant avec plus d'indulgence,
Laissez-vous entraîner par mon expérience.

ÉRARD.

Ah! cessez, s'il vous plaît, des conseils superflus.

DORSEUIL.

Soit, restez malheureux; là! je n'en parle plus.
(après un silence.)
Quoique garçon, pourtant, la douce bienfaisance
Peut réchauffer un peu votre froide existence.

Ce soir, de votre nièce, on signe le contrat :
Ajoutez à sa dot. Vous êtes en état
De doubler son bien-être : elle vous est si chère !

ÉRARD.

Ne sera-t-elle pas mon unique héritière ?

DORSEUIL.

Ce titre annonce un jour bien triste pour tous deux.
Vivez long-tems, c'est là le plus doux de ses vœux.
Imitez-moi ; tenez, en mariant ma nièce
A mon neveu, je vais leur prouver ma tendresse,
Non point par de vains mots, qui ne soutiennent pas,
Mais par quelques biens-fonds, et d'excellens contrats.
Je partage mon bien ; ils ont la jouissance
De l'une des deux parts.

ÉRARD.

                              Oh ! quelle extravagance !
C'est infiniment trop. Quoi ! pour des jeunes gens ?...

DORSEUIL.

N'aurait-on des besoins, monsieur, qu'à cinquante ans ?
Non, non, s'ils sont heureux par ce juste partage ;
Vivant, je jouirai de mon propre héritage.
Je connais des parens qui, par un rare effort,
Ne donnent aux enfans des biens qu'après leur mort ;
Ainsi, la fin des jours d'un insensible père
Est le terme... cruel où finit leur misère.
Au-delà du tombeau, pourquoi ce vain desir ?
Laisser est un devoir, donner est un plaisir.
Qui dispose en mourant, de donner se dispense ;
C'est presque orgueil alors, et non pas bienfaisance,
Car il faut bien enfin que je laisse après moi,
Ce que l'homme ne peut emporter avec soi.

ÉRARD.

Mon bien est arrondi, je ne puis en distraire.

DORSEUIL.

Mais... l'on fait quelque épargne étant célibataire.

ÉRARD.

Pour venir à Paris, j'étais près d'emprunter.

DORSEUIL, *à part, cherchant à contenir son indi-*
gnation.

Comme si l'on prêtait à qui ne sait prêter !
(*haut*).
Oh! vous ferez du moins un présent à Julie?

ÉRARD.

Quand on n'a point d'argent, que donner, je vous prie?

DORSEUIL.

Voilà mon porte-feuille, et j'aurai le plaisir...

ÉRARD, *le repoussant*

Ciel! qui, moi, m'endetter ? je ne saurais dormir.

DORSEUIL.

Quoi! votre cœur ?...

ÉRARD.

On vient.

DORSEUIL.

Je saurai me contraindre,
Ne pouvant vous aimer, je puis du moins vous plaindre.

SCÈNE V.

LES PRÉCÉDENS, M.me MELCOUR, MELCOUR.

(*Mad. Melcour s'appuie sur le bras de son petit-fils.*)

M.me MELCOUR.

IL faut venir trouver chez lui le cher voisin,
Car il est invisible. Allons-nous ce matin
Relire le contrat?

MELCOUR, *indiquant Érard.*

Ma mère on vous salue.

M.me MELCOUR, *saluant.*

Veuillez me pardonner, je n'ai pas bonne vue...

DORSEUIL.

De votre petit-fils, voilà l'oncle futur.
(*Elle le salue amicalement.*)

ÉRARD.

Je suis très-enchanté...

MELCOUR, *préoccupé.*

Chacun doit être sûr
De mon respect profond pour l'oncle de Julie ;
Et si, comme on le dit, avec vous je m'allie...

DORSEUIL.

A l'entendre on dirait qu'il n'a que de l'espoir !
On signe, tu le sais, votre contrat, ce soir.
(*à Mad. Melcour.*)
Le bonheur éblouit une ame encor novice.

MELCOUR, *toujours préoccupé.*

A mon cœur quelque jour, oui, vous rendrez justice.

DORSEUIL.

Morbleu, je la lui rends.

M.me MELCOUR.

Oh ! depuis peu de tems
Il est mélancolique.

DORSEUIL.

Eh ! voilà les amans :
Sont-ils près d'être heureux, une langueur touchante
S'empare de leur ame incertaine, tremblante ;
Et voyant approcher le fortuné moment,
L'excès de leurs desirs devient presque un tourment.

M.me MELCOUR.

Vous parlez en jeune homme.

DORSEUIL.

Oui, vous pouvez en croire
De touchans souvenirs : oh ! j'ai bonne mémoire.

M.me MELCOUR.

A propos, dites-moi, quel est ce grand tableau
Que j'ai vu dans la salle ? est-ce un achat nouveau ?

DORSEUIL.

Oui, c'est d'un pinceau ferme.

M.me MELCOUR.

Est-ce un trait de la fable ?

DORSEUIL.

C'est un fait historique, et sur-tout remarquable.
Ma chère, ce tableau, sans un long examen,
Vous offre, en traits de feu, l'éloge de l'hymen.

M.me MELCOUR, *surprise.*

Eh quoi ! ces forcenés se livrant aux rapines ?...

DORSEUIL.

Oui, ce sont les Romains enlevant les Sabines.
Le droit des gens d'abord condamne cet excès,
Mais ce peuple lui dut sa grandeur, ses succès.

M.me MELCOUR.

Et vous nommez cela, mon cher, des mariages?

DORSEUIL.

L'histoire nous apprend qu'on vit d'heureux ménages
En être les doux fruits. Du moins, est-il certain
Que ces liens forcés, aux débats mirent fin.
Entre les combattans les femmes se jettèrent ;
Les deux peuples bientôt d'intérêt se lièrent :
Leur force s'en accrut, et de cette union
Sortit, vous le savez, la grande nation,
Qui, graces à l'hymen, en vainqueurs si féconde,
Étendit son pouvoir jusqu'aux bornes du monde.

M.me MELCOUR.

Allons voir mon notaire, et laissons les Romains.

ÉRARD.

On doit plaindre le sort de ces pauvres Sabins.

DORSEUIL, *à Érard.*

Semblable évènement ne vous toucherait guère.
(*à demi-voix*).
Vous ne tenez à rien.

ÉRARD, *haut, embarrassé.*

Je sors pour quelque affaire.

DORSEUIL.

Tous ensemble, à dîner, nous nous retrouverons
(à Melcour).
Chez Mersange. Viens-tu ?

MELCOUR, *toujours préoccupé.*

Dans un instant;

DORSEUIL, *à Mad. Melcour, en lui offrant le bras.*

Allons.

(à Melcour).
Ma Céline et Raymond sont avec ton amie :
Les amans des amans aiment la compagnie.

(Erard sort; Dorseuil et Mad. Melcour sortent ensuite.)

SCÈNE VI.

MELCOUR, *seul, très-agité.*

QUE ne puis-je, plutôt, les fuir dès ce moment!
Moi! voir encor Céline auprès de son amant!
N'importe, aujourd'hui même elle lira ma lettre :
Je ne venais ici que pour la lui remettre ;
J'avais tout mon courage... Oui, son oncle obtiendra
Que je parte au plutôt... A ma mère, il faudra
Qu'il dise que nos biens exigent ma présence...
Elle épouse Raymond!... Non, la plus longue absence
Ne saura, de mon cœur, un instant la bannir.
Ah ! pourrai-je jamais l'oublier sans mourir !

(Il sort.)

FIN DU DEUXIÈME ACTE.

ACTE TROISIÈME.

SCÈNE PREMIÈRE.

CÉLINE, JULIE.

JULIE, *avec l'air inquiet.*

ILS sont tous deux sortis, et, sans doute, mon père
Les aura rencontrés aussi chez le notaire.

CÉLINE.

On ne prononce ici jamais que ce mot-là :
Le notaire !

JULIE.

Il est vrai ; cependant pour cela
L'on a quelque raison aujourd'hui. — Mon amie,
Le moment est bien près : votre mélancolie
Devrait s'évanouir à l'aspect du bonheur.

CÉLINE.

Vous-même ; vous avez certain air de langueur...

JULIE.

Oh ! moi... c'est différent, c'est dans mon caractère :
Cet air triste, rêveur, m'est assez ordinaire.
Il se peut bien, d'ailleurs, qu'en signant un contrat,
Qui me fera changer en un instant d'état,
D'habitudes, de mœurs, et presque d'existence,
Un sentiment confus...

CÉLINE.

Oui, c'est cela, je pense,
Que j'éprouve.

JULIE, *à part.*

(*haut.*)
Hélas ! — non, que pour ce lien
A votre oncle jamais mon cœur reproche rien :
Melcour a mon estime.

C

CÉLINE, *s'animant par degré.*

Ah ! Melcour la mérite
Par son esprit piquant, sur-tout par sa conduite.
Il a les passions qui plaisent à vingt ans,
Et sait les tempérer par de purs sentimens.
On le croirait léger ; mais près de sa grand'mère
Du plus tendre des fils il a le caractère.
Il est jeune... dit-on ; cela se passe bien :
Il a les qualités qui font l'homme de bien,
Et voilà ce qui reste ; oui, voilà, ma Julie,
Ce qui me garantit le bonheur d'une amie :
Oh ! oui, Melcour sera le meilleur des époux,
(s'arrêtant presque embarrasée.)
Et mon cœur m'avertit... Qu'il est digne de vous.

JULIE, *s'animant aussi peu-à-peu.*

Quel touchant intérêt ! de même je présage
Que la paix, le bonheur vont vous suivre en ménage,
Car Raymond a pour lui ce qu'on voit rarement ;
Il unit la sagesse à la grace, au talent :
Philosophe un peu jeune, il n'a rien de sévère,
Et la science même a chez lui l'art de plaire.
Cultivant les beaux arts par goût, par sentiment,
Il me les fit aimer, et ce fut en jouant.
Dans la société voyez sa modestie !
Faut-il causer, il cause, ou bien fait sa partie.
Parlant fort peu, mais juste, il fait briller autrui :
Tout le monde se croit de l'esprit avec lui :
C'est-là le vrai mérite ; oui, vous serez heureuse ;
Son ame est digne enfin d'une ame vertueuse :
(elle s'arrête avec un peu de confusion,
puis continue :)
Mon cœur plein des vertus... Que j'apperçois en vous,
Applaudit au doux choix qui le fait votre époux.

CÉLINE.

L'éloge de Raymond, fait par son écolière,
Peut bien être flatté ; mais franchement, ma chère,
Croyez que si Melcour a l'esprit moins brillant,
Il n'en plaira que mieux : il est vif, pétillant...

JULIE.

Raymond ne cède en rien : il raille avec finesse :
Il est piquant aussi ; mais jamais il ne blesse.

Melcour a, j'en conviens, de la vivacité,
Et je crains... malgré-moi, qu'il ne soit emporté :
Tant de chaleur souvent mène à la violence.

CÉLINE, *vivement.*

Ne le redoutez pas ; il a de la prudence,
Je le connais assez... vous le connaissez mieux :
Mais... Raymond, qui paraît si parfait à vos yeux,
Lui que j'épouse enfin, soit froideur, soit système,
N'a jamais su, je crois, prononcer le mot j'aime.

JULIE, *de même.*

Que dites-vous, Céline ? ô ciel! jamais! comment!
Il peint en traits de feu ce tendre sentiment,
        (*se reprenant.*)
Quand il parle de vous... et sa philosophie
Voit dans un doux lien le charme de la vie.

CÉLINE.

Vous louez trop Raymond.

JULIE.

                    Oh! vous flattez Melcour.

CÉLINE, *avec effort.*

L'un et l'autre sont bien dignes de notre amour.

JULIE, *de même.*

Oui, telle est de nos goûts l'aimable ressemblance,
Que nos cœurs font entr'eux bien peu de différence.
Raymond a tout pour lui.

CÉLINE.

                    Melcour sait mieux aimer.

JULIE, *tristement en lui serrant la main.*

Ah! quels heureux liens votre oncle va former!...
Venez, je crois l'entendre.

CÉLINE.

                    Oh! oui, je me retire.

JULIE.

N'avons-nous pas encor quelque chose à nous dire ?

CÉLINE.

On dit souvent bien moins dans de longs entretiens.
(à part.)
Que n'a-t'elle mes yeux, et que n'ai-je les siens!
(Elles sortent à gauche.)

SCÈNE II.

DORSEUIL, *entre en tenant une lettre ouverte;*
il est très-agité.

JE ne-sais que penser. Ma tête embarrassée...
Cette lettre au bosquet, par Céline laissée...
Est-ce oubli de sa part? est-ce un trait de Melcour?
Et prétend-il ainsi m'apprendre son amour?
Eh! quoi! Melcour, amant prétendu de Julie,
Aimerait!... Je m'y perds; non, c'est une folie.
Craignant d'être surpris, je n'ai pu jusqu'au bout
La lire... à mes projets ceci changerait tout.
(lisant.)
« Adorable Céline, à l'ardeur la plus vive
C'est en vain que vous opposez
Les erreurs d'une ame craintive :
Vous pouvez tout encor si vous l'osez.
A Dorseuil, à Raymond, une ancienne promesse
Ne saurait lier votre cœur;
Mais si, par crainte, par faiblesse,
Il me faut pour jamais renoncer au bonheur,
Ah! que du moins l'oncle qui vous tourmente,
Et qui se rit des feux qu'il devrait protéger,
M'arrache de ces lieux, me fasse voyager :
Ma bonne aïeule... elle est si confiante;
Qu'il lui dise que notre bien
Demande, exige ma présence.
Si vous me haïssiez!... mais puisqu'il n'en est rien,
Et qu'il faut cependant perdre toute espérance,
Je dois vous fuir.—Dorseuil sur nous seuls, sur nous deux
N'épuise pas sa fatale obligeance;
Raymond, Julie... ah! j'ai surpris leurs vœux;
Ils s'aiment; comme nous ils gardent le silence:
Votre oncle, en un seul jour fait quatre malheureux ».

(interdit et confus.)
J'en ai lu déja trop, hélas! pour me confondre;
A cette lettre-là mon cœur ne peut répondre.
Raymond, Céline, ont pu douter de ma bonté!
Ai-je abusé jamais de mon autorité? —
Je devrais prévenir Mersange et la grand'mère...
Pourquoi les affliger? je cru agir en père;
J'ai les pouvoirs de tous... hé! bien, j'en userai,
Et de tous, aujourd'hui, seul, je me vengerai.
(Il fait quelques pas pour sortir.)

SCÈNE III.

DORSEUIL, ÉRARD.

(Érard entre par la droite; il a l'air très-animé : ses vêtemens sont en désordre; il conduit Dorseuil : qui allait sortir, jusques sur l'avant-scène.)

ÉRARD *fait un geste, comme s'il allait commencer un récit; s'arrête, et dit :*

PERMETTEZ. *(Il va vers le fond et regarde de tous côtés avec inquiétude.)*

DORSEUIL, *très-surpris.*

Qu'a-t'il donc? son trouble m'inquiète.

ÉRARD, *revenant.*

Nous sommes seuls, je crois? pardonnez si je guette;
Je ne veux qu'à vous seul confier mes douleurs :
A vous seul, — apprenez le plus grand des malheurs.

DORSEUIL, *effrayé.*

Quoi! votre jeune nièce, ou bien votre beau-frère?...

ÉRARD.

Non, il ne s'agit pas d'un malheur ordinaire.

DORSEUIL.

La mère de Melcour?... ah! calmez mon effroi.

ÉRARD.

Bah! cet évènement ne regarde que moi.

DORSEUIL.

Vous me tranquillisez.

ÉRARD.

Morbleu, quelle franchise !

DORSEUIL.

Pardon ; mais je vous vois, cela me tranquillise.

ÉRARD.

N'importe, je suis mort, je suis assassiné ;
Je suis bien plus encor, oui, je suis ruiné.

DORSEUIL.

Quoi ! donc, de votre bien des nouvelles fâcheuses ?...

ÉRARD.

Les récoltes, vraiment bonnes ou malheureuses,
Ne sauraient m'émouvoir, n'ai-je pas un fermier ?
Écoutez jusqu'au bout. Vous êtes le premier
A qui de mes secrets j'aurai fait confidence ;
Mais jurez-moi sur-tout...

DORSEUIL.

A votre confiance
Je n'ai nul droit encor, et n'en veux point avoir.
Qui jure peut trahir. Je connais mon devoir,
Et cela me suffit.

ÉRARD.

Cela doit... me suffire.
Daignez donc m'écouter ; oui, je vais vous instruire
Du cruel accident... — Vous pouvez m'obliger.

DORSEUIL.

Parlez.

ÉRARD.

Je suis sorti ce matin, sans songer
Que de filoux adroits Paris sur-tout abonde ;
Et quoique défiant, car je connais mon monde,
J'ai porté mes papiers... tout mon avoir sur moi :
C'est assez naturel lorsqu'on n'est pas chez soi.
Le hasard... le destin veut que, sur mon passage,
Un maudit charlatan faisait foule ; la rage

Des badauts campagnards, la curiosité
Dans ce groupe fatal aussi-tôt m'a porté ;
Mais prévoyant le cas où quelque voisin leste...
J'ai pris mon porte-feuille, à deux mains, sous ma veste ;
Je le tenais serré, comme on serre son bien,
Lorsqu'un cabriolet, conduit par un vaurien,
Et poussé par le diable, a jeté dans la foule
L'effroi, le trouble... hélas ! un torrent qui s'écoule ;
Un fleuve, en débordant, font bien moins de fracas :
Je me suis vu porté, d'un seul trait, à vingt pas ;
Pressé, meurtri, mourant, j'ai perdu connaissance.

DORSEUIL.

N'êtes-vous pas blessé ?

ÉRARD.

Pourquoi mettre en balance
Le peu que j'ai souffert et ce que j'ai perdu ?
Secouru par... quelqu'un ; à moi-même rendu,
J'ai connu mon malheur, j'ai connu ma misère ;
Mon porte-feuille avait glissé : las ! jusqu'à terre :
Je n'ai pu le tenir quand j'étais presque mort,
Et, pour le retrouver, j'ai fait un vain effort :
Tout avait disparu, la place était déserte ;
Les habitans voisins répétaient seuls ma perte.

DORSEUIL.

La perte n'est pas forte ; et, si j'y songe bien,
Ne m'avez-vous pas dit qu'il ne vous restait rien ?

ÉRARD, *embarrassé et regardant derrière lui.*

Pas... tout-à-fait encor ; maint papier de famille,
Avec... quelques billets...

DORSEUIL.

Bah ! c'est une vétille.

ÉRARD, *avec effort.*

Non, vous dis-je, l'objet... est des plus importans.
  (avec mystère.)
Ces billets sont morbleu ! de beaux deniers comptans.
Vous voyez ! je dis tout, hélas ! c'est nécessaire ;
Et voici, maintenant, en quoi, dans cette affaire,
Vous pouvez me servir. — Voulant absolument
Que l'on ignore ici ce triste évènement,

Il fallait indiquer une adresse connue;
J'ai posé sur la place et le long de la rue,
Une affiche très-simple, et qui dit clairement
De remettre le tout à vous, oui, seulement.

DORSEUIL.

Mais avant tout, monsieur, de cette triste affaire,
Vous auriez dû d'abord instruire votre frère;
Pour rapporter l'objet, indiquer sa maison,
Sur-tout logeant chez lui.

ÉRARD.

Non, certaine raison...
Gardez-moi le secret, ah! je vous en supplie.
C'est un faible peut-être, ou bien une manie;
Mais j'aimerais autant n'avoir au monde rien
Que de montrer à tous le tableau de mon bien.
        (Dorseuil fait signe qu'il consent.)
On vous remettra donc...

DORSEUIL.

Oui, pourvu qu'on le veuille.
Ah! si l'on rapportait ce pauvre porte-feuille,
La chère nièce aussi pourrait s'en trouver bien,
N'est-ce pas?

ÉRARD.

Je vous dis... que ce n'est presque rien.

DORSEUIL.

On ne sait que penser vraiment à vous entendre;
J'ai cru de désespoir que vous alliez vous pendre,
Et ce n'est presque rien!

ÉRARD.

Pardonnez au malheur,
Il a troublé ma tête.

DORSEUIL.

Et non pas votre cœur.
Je suis intéressé lorsqu'il s'agit des autres;
Je m'occupe de vous, occupez-vous des vôtres.
        (avec une sorte d'inspiration.)
Supposons qu'on apporte....

ÉRARD, *vivement.*

Ah! trop heureux moment!

DORSEUIL.

C'est çà. — Je vous entends, dans le ravissement,
Me dire : mon ami...

ÉRARD, *avec chaleur.*

Vous me rendez la vie.

DORSEUIL.

Disposez en faveur...

ÉRARD.

Arrêtez.

DORSEUIL.

De ma chère Julie...

ÉRARD.

Ne nous pressons pas tant, ah! c'est me ruiner.

DORSEUIL, *impatienté.*

Vous n'avez rien encor, vous pouvez tout donner.
(*avec abandon.*)
Intéressez le ciel par votre bienfaisance ;
Unissez votre cause au sort de l'innocence :
Si Julie apprenait votre état malheureux,
Ah! pour vous, pour vous seul offrant au ciel ses vœux...

ÉRARD, *presqu'ému.*

Vous croyez ?

DORSEUIL.

J'en suis sûr.

ÉRARD, *presqu'entraîné.*

Ah! que mon bien revienne,
Et je place le tout... sur ma tête... et...

DORSEUIL.

La sienne ?

ÉRARD, *avec un peu d'effort.*

Oui.

DORSEUIL, *vivement, lui tendant la main.*

Votre parole.

ÉRARD, *lui donnant la main avec une sorte d'abandon.*

Soit... je ne m'en dédis pas.

DORSEUIL.

Morbleu ! je suis à vous tout entier en ce cas.
Je vais faire afficher si forte récompense...

ÉRARD, *effrayé.*

Encor !

DORSEUIL.

Je la paierai.

ÉRARD.

Que de reconnaissance !

SCÈNE IV.

LES MÊMES, CATHERINE.

CATHERINE, *prenant Dorseuil à part, lui dit à
demi-voix.*

UN jeune homme modeste et d'habit et de ton,
Pour un objet trouvé, voudrait...

DORSEUIL, *avec surprise, à part.*

(*à Catherine.*)
Déjà !... C'est bon.

(*à part.*)
Assurons-nous d'abord si c'est son porte-feuille.
Dans le premier moment quelquefois on accueille...
Oui, je dois lui cacher...

ÉRARD, *allant à lui.*

Hé bien, je vous attends.

DORSEUIL.

Tandis que vous prendrez d'autres renseignemens,
Je rentre et vais chez moi songer à votre affaire.

CATHERINE.

Nous aurons à souper les parens, le notaire ?

J'ai fait venir ma fille et son second enfant
Pour m'aider.

DORSEUIL.

C'est trop juste. On signe seulement ;
Mais je veux qu'on s'amuse aussi bien qu'à la noce.

CATHERINE.

A tel jour votre père eut pour nous un carrosse ;
Je m'en souviens encor.

DORSEUIL, à Érard.

Oui, mon père a céans
Marié Catherine et ses premiers enfans.

CATHERINE, à Érard.

Oui dà ! mon premier fils et ma première fille.

ÉRARD, voulant emmener Dorseuil.

C'est chez vous, je le vois, un vieux goût de famille.

CATHERINE, à elle-même.

Quand on me maria, c'était... oh ! le bon tems !
Attendez... justement, aujourd'hui cinquante ans.

DORSEUIL, revenant vivement.

Cinquante ans, dites-vous ? ah ! quelle bonne aubaine !
Je n'avais jamais fait encor de cinquantaine.
(Il court vers le fond.)

ÉRARD, étonné.

Quoi ! donc ?...

DORSEUIL, appellant au fond.

Raymond, Céline. — O ciel ! ils n'y sont pas.—
(appellant vers la droite.)
Boniface, accourez.

ÉRARD, à part, tristement.

Mon dieu ! que de fracas !
Au lieu de s'occuper de mon cher porte-feuille.

DORSEUIL, voyant Boniface.

Ah ! bon.

SCÈNE V.

LES PRÉCÉDENS, BONIFACE.

BONIFACE, *accourant.*

Vous me voyez tremblant comme la feuille.
Qu'est-il donc arrivé ?

DORSEUIL, *enchanté.*

Cest un évènement...
Embrassez-moi, vieillard. —Écoutez maintenant :
Allez, tout de ce pas, chez mon jeune notaire ;
Qu'il vous dresse un contrat... qui n'est pas ordinaire.

BONIFACE.

Un contrat ! et pour qui ?

DORSEUIL.

Pour elle.

BONIFACE.

Bah ! tout doux ;
Pour elle ! avec qui donc ?

DORSEUIL.

Oh ! je pense... avec vous :
Au bout de cinquante ans, si j'ai bonne mémoire,
De se remarier on peut avoir la gloire.

BONIFACE.

Quoi ! vraiment ? cinquante ans ?... ils ont été bien courts :
Avec elle.... et chez vous, c'est cinquante beaux jours.

CATHERINE.

Boniface est galant, c'est qu'il songe à la fête.

DORSEUIL.

Il voudrait rajeunir pour la faire complète.
(En allant vers la table il apperçoit Erard qui est pensif.)
Soyez donc satisfait en voyant des heureux.

ÉRARD, *s'efforçant.*

Je ris, je vous l'assure, autant que je le peux.

DORSEUIL, *écrivant debout.*

J'écris pour le notaire une petite clause :
Cela ne gâtera, je crois, rien à la chose.
(*donnant à Boniface la feuille de papier sur laquelle
il a écrit deux lignes.*)
Je lui dis d'ajouter sur le contrat ancien :
Que réciproquement, par ce nouveau lien,
Vous vous donnez chacun quatre cents francs de rente.

ÉRARD, *avec surprise.*

Comment !

CATHERINE.

Oh ! pour le coup, je vois que l'on plaisante.

BONIFACE.

Hypothéqués sur quoi ?

DORSEUIL.

Sur quoi ? sur tous mes biens.
(*Ils sont émus et veulent témoigner leur reconnaissance.*)
Point de remercîmens ; c'est de quoi je conviens :
Envers vous, mes amis, ah ! mon cœur n'est pas quitte.

CATHERINE.

Croyez...

BONIFACE.

Tant de bontés...

DORSEUIL, *avec émotion, en s'éloignant, à Érard.*

Allons-nous-en bien vite.

ÉRARD, *avec instance, à demi-voix.*

Occupez-vous sur-tout...

DORSEUIL.

Oui, déjà quelqu'espoir
Me dit que nous serons tous satisfaits ce soir.
(*Il sort par le fond ; Érard sort à droite.*)

SCÈNE VI.

BONIFACE, CATHERINE.

BONIFACE.

Je tombe de mon haut.

CATHERINE.

De lui rien ne m'étonne.
Allons remplir ses vœux.

BONIFACE.

Quelle ame noble et bonne !
(*Après un silence, avec gaité et prétention, en prenant
la main de sa femme.*)
Nous mariant ce soir, il est bien entendu
Que je ne suis ici que votre prétendu.

CATHERINE.

Dis mon ami plutôt.

BONIFACE.

En rentrant en ménage
Rappellons-nous le jour de notre mariage.

CATHERINE.

Jour bien cher à nos cœurs !

BONIFACE.

Quel bonheur le suivit !
Quelquefois ce tableau se peint à mon esprit ;
T'en souvient-il encor, dis-moi, ma ménagère ?

CATHERINE.

Hélas ! s'il m'en souvient.... Allons chez le notaire.
(*Au moment où ils vont sortir par la droite, Raymond
et Melcour entrent par le fond ; Boniface et Catherine
qui se donnent le bras, s'arrêtent pour les saluer avec
un air de contentement et de prétention : les deux jeunes
gens s'arrêtent aussi et leur rendent le salut avec une
sorte de surprise.*)

SCÈNE VII.

RAYMOND, MELCOUR.

RAYMOND, *souriant.*

On dirait deux époux nouvellement unis.

MELCOUR.

Ah! c'est que leurs liens furent bien assortis,
Et qu'un officieux n'eut pas la folle envie...
Mais songeons au projet, cher Raymond, je vous prie...

RAYMOND.

Oui, nous nous sommes fait ces trop tardifs aveux;
Nous voilà plus instruits, mais non moins malheureux.

MELCOUR.

Votre sang-froid m'étonne, il faut que j'en convienne;
Quand aimé de Julie...

RAYMOND.

        Ah! peut-être sa haine
Me serait préférable; et si vous l'épousez...
Car, je vous le répète, oui, vous vous abusez,
Si vous croyez Dorseuil si facile à réduire.

MELCOUR.

N'importe, le tems presse; un seul mot doit suffire :
Quand nous étions chez vous tous quatre réunis,
De lui parler enfin vous nous avez promis.
Il est encor, dit-on, chez ce maudit notaire;
Mais le jour baisse, hélas! il ne tardera guère...
Lorsque nous voudrions pouvoir anéantir
Ces deux actes cruels; il les lit à loisir;
Et plein d'un doux espoir, contemplant son ouvrage,
Sur nos cœurs désolés il assouvit sa rage.

RAYMOND.

Ah! mieux vous le peignez, plus je tremble, Melcour:
Au moment de signer, peindre un nouvel amour!...

Ne pensez pas, mon cher, que ce soit sa colère
Que je redoute; oh! non, il m'aime comme un père;
Il jouit pour nous seuls, il s'oublie, et son cœur
Ne voit que quatre amans dont il comble l'ardeur.

MELCOUR.

Il est vrai : si son goût n'était que ridicule
De troubler ses projets, nous ferions-nous scrupule?
Son erreur vient de nous : notre timidité,
La crainte d'un refus, un peu de vanité
Nous ont fait retarder la douce confidence
Que nos cœurs se devaient; j'en conviens, l'apparence
A pu tromper votre oncle, et ma raison dément
Les reproches qu'ici dans mon emportement...

RAYMOND.

Cependant l'heure approche, ici chacun s'apprête;
Ce jour, fatal pour nous, semble être un jour de fête
Pour toute la maison. Mersange est enchanté;
Votre aïeule, avec l'air de la félicité,
Vient d'embrasser Julie, en la nommant sa fille...

MELCOUR.

Vous me désespérez, et mon œil se dessille.

RAYMOND.

Dorseuil, vous le savez, peut tout sur son esprit.

MELCOUR, *vivement.*

Je l'entends.

RAYMOND.

Me voilà déjà tout interdit.

SCÈNE VIII.

LES MÊMES, DORSEUIL.

(Dans cette scène Raymond et Melcour cherchent à s'enhardir l'un l'autre pour parler à Dorseuil.)

DORSEUIL, *à part, avec satisfaction.*

J'AI fini d'un seul mot, et l'une et l'autre affaire :
Porte-feuille et contrats.... il est bon, mon notaire!

(allant vers les autres.)
Je vous cherchais; voici bientôt l'heureux moment.

RAYMOND.

Près de signer... on tremble.

DORSEUIL.

Oui, de contentement.

RAYMOND.

Et pourtant on voudrait...

DORSEUIL.

Hâter la signature.

MELCOUR.

Hélas! le cœur hésite...

DORSEUIL.

Oh! c'est dans la nature.
(à part.)
Ils voudraient réparer... non, non, il est trop tard.
(regardant à sa montre.)
Les parens, les témoins me semblent en retard.

RAYMOND, *tâchant de s'enhardir.*

Mon oncle...

DORSEUIL.

Eh?

RAYMOND.

Vous avez pris soin de mon enfance...

DORSEUIL.

Hé! bien?

RAYMOND.

Et vous avez droit à ma confiance.

DORSEUIL.

Aussi, mon cher Raymond, je suis sûr de l'avoir;
Pour moi, c'est un plaisir; pour vous, c'est un devoir.
Personne près de moi, je crois, ne se déguise:
Ma franchise en tout tems fit naître la franchise;
Et d'ailleurs, que m'importe! avec moi, vain détour;
On ne peut me cacher les secrets de l'amour :
Tous deux vous le savez.

D

RAYMOND, *embarrassé.*

Qui peut y rien comprendre ?
Vous-même.... quelquefois, pouvez vous y méprendre ;
J'avouerai...

DORSEUIL.

Quelqu'un vient.

RAYMOND, *vivement, avec instance.*

Mon oncle, un seul moment,
Veuillez, daignez nous suivre à votre appartement...

SCÈNE IX.

LES MÊMES, ÉRARD, *très-agité.*

ÉRARD, *à Dorseuil.*

Ah ! je vous trouve enfin. *(voulant l'emmener à part
pour lui parler.)*
Messieurs, veuillez permettre...
Il s'agit d'un objet qui ne peut se remettre.

DORSEUIL.

Oui, monsieur a raison.

RAYMOND, *voulant l'emmener au côté opposé.*

Nous reviendrons bientôt.

ÉRARD.

Je ne le quitte pas ; il sait ce qu'il me faut.

MELCOUR, *impatienté.*

Oh ! le tems nous est cher ; votre plainte importune...

ÉRARD.

Comment ! s'il s'agissait ici de ma fortune ? ...

DORSEUIL, *à Melcour.*

C'est ton oncle futur, tu lui dois du respect.

MELCOUR.

Hé ! qu'importe, venez.

ÉRARD, *à part.*

Tout ceci m'est suspect.

DORSEUIL.

Auquel des deux partis dois-je enfin audience?

MELCOUR, *à demi-voix, et d'un ton très-animé.*

Au nom du ciel, cédez à notre impatience.
Mersange, ma grand'mère, ici vont arriver :
Hélas, si vous saviez... vous iriez les trouver,
Si vous croyez du moins qu'il soit encor possible
D'éviter les malheurs... votre ame est si sensible...

ÉRARD, *avec force.*

Il s'agit bien ici de sensibilité ;
Il s'agit de l'honneur. Messieurs, en vérité,
Je vais faire un éclat, car je perds patience.

DORSEUIL, *aux deux amans.*

Son objet est, vraiment, d'une grande importance.
Un mot, je suis à vous.

(Dorseuil suit Érard, qui le conduit vers la droite.)

MELCOUR, *à Raymond.*

Ah! quel acharnement!

RAYMOND.

Son cœur froid connaît-il les peines de l'amant?

ÉRARD, *bas à Dorseuil.*

Expliquons-nous enfin, expliquons-nous de grace :
On vient de m'assurer, sur cette même place
Où j'ai perdu...

DORSEUIL.

J'entends; vous saurez tout ce soir.

ÉRARD.

Comment!

DORSEUIL.

Je n'ai plus rien, monsieur, en mon pouvoir.

ÉRARD.

Hé! quoi! mon porte-feuille...

D 2

DORSEUIL.

Oh ! c'est celui d'un autre.
Tantôt vous m'avez peint en peu de mots le vôtre :
Celui-ci plein d'effets...

ÉRARD, *effrayé*.

Oh, ne plaisantons pas ;
C'est bien le mien, vous dis-je.

DORSEUIL.

Et d'excellens contrats.

ÉRARD.

Oh! oui, c'est cela même ; ah! donnez que je voie...

DORSEUIL.

Il faut vérifier.... modérez cette joie.

MELCOUR, *à Érard, en approchant*.

Terminez-vous enfin l'éternel entretien ? ...

ÉRARD, *avec colère*.

Patience, messieurs ; je demande mon bien :
L'intérêt passe avant l'amoureuse folie.

MELCOUR, *s'emportant*.

Monsieur...

RAYMOND, *l'arrêtant*.

Hé ! modérez... c'est l'oncle de Julie.

ÉRARD.

Vous causez tout cela, lorsqu'avec un seul mot...

DORSEUIL.

Ce mot est clair, monsieur; l'objet est en dépôt.

RAYMOND, *à Érard, en emmenant Dorseuil*.

Vous êtes satisfait ?

DORSEUIL, *regardant vers le fond*.

Bon! voici notre monde.

MELCOUR, *avec douleur, à part*.

(*à Érard.*)
Et tout espoir perdu. Que le ciel vous confonde !
(*Dorseuil va au-devant des personnes qui entrent.*)

ÉRARD, *tout étoudi, à part.*

Mon dieu! qu'en ce pays l'on traite mal les gens;
Ah! que serait-ce donc s'ils n'étaient mes parens!

SCÈNE X.

LES PRÉCÉDENS, M.me MELCOUR, MERSANGE, JULIE, CÉLINE, *deux Domestiques.*

(Les Domestiques rangent des siéges vers la gauche.)

DORSEUIL, *les invitant à s'asseoir.*

METTEZ-VOUS...

ÉRARD, *bas à Dorseuil.*

Nommez-moi le sot dépositaire
De mon cher porte-feuille.

DORSEUIL.

Eh! mais, c'est mon notaire.

ÉRARD, *bas.*

D'un acte de dépôt, quoi! je païrais les frais?
S'il allait publier ici tous mes secrets!
J'y cours.

DORSEUIL.

Il va venir, la course est inutile.
Lui parler à présent est chose difficile;
Il est fort occupé.

MERSANGE, *étonné de l'embarras d'Érard.*

Qu'a-t'il donc aujourd'hui?
Je n'ai pu me trouver un instant avec lui.
(à Érard, avec surprise.)
Vous sortez?

ÉRARD.

J'ai cédé, monsieur, à votre envie;
Mais ce voyage, hélas! me coûtera la vie.
(Il fait quelques pas pour sortir.)

SCÈNE XI.

LES MÊMES, LE NOTAIRE.

DORSEUIL.

Ah! voici le notaire : il se rend un peu tard.

LE NOTAIRE.

Sans cesse, à ce qu'on dit, nous sommes en retard :
Je me hâte pourtant lorsque mon ministère
M'appelle pour sceller une union bien chère.

(Érard qui allait sortir, revient en voyant le notaire,
et lui fait des signes pour l'attirer dans un coin.)

JULIE, *bas à Melcour.*

Comment! vous n'avez pu lui parler un moment?

MELCOUR, *bas.*

Ce maudit égoïste, en son entêtement ! ...

ÉRARD, *à demi-voix au notaire.*

Je voudrais vous parler.

DORSEUIL, *haut.*

Comme dépositaire
D'un porte-feuille.

ÉRARD, *bas vivement à Dorseuil.*

Eh! paix !

DORSEUIL.

Ce n'est point un mystère ;
Pour finir en ces lieux j'avais tout disposé.

LE NOTAIRE, *allant se placer devant la table,*
et sortant de sa poche un acte et le porte-feuille.

J'ai sur moi l'acte en forme, et l'objet déposé.

ÉRARD.

C'est une trahison. Quand un notaire oublie...

DORSEUIL.

Pour ma tranquillité je veux que l'on publie
L'affaire et ses détails.

LE NOTAIRE, *à Dorseuil, en s'asseyant.*

Je ne connais que vous.

ÉRARD, *à part, en se désolant.*

(haut, avec force.)
L'on saurait mon avoir! non, non.

DORSEUIL.

Point de courroux.

MERSANGE, *avec surprise.*

M'expliquez-vous enfin d'où lui vient ce délire?

DORSEUIL.

(au notaire.)
Un instant.... Lisez l'acte afin de les instruire.

LE NOTAIRE.

(lisant.)   (à Dorseuil.)
« Par devant... Votre nom, demeure, et cœtera...

ÉRARD.

Encor!

LE NOTAIRE.

Il faut prouver...

ÉRARD, *ouvrant le porte-feuille entre les mains
du notaire.*

La preuve, la voilà.
Vous feignez d'ignorer que c'est mon porte-feuille;
Lisez mon nom ici; croyez-vous que je veuille?...

LE NOTAIRE.

Oui, la preuve est notoire; à vous il appartient,
Veuillez signer, monsieur, et ceci vous revient.

ÉRARD.

Moi, signer! hé! quoi donc?

LE NOTAIRE.

                      L'acte portant promesse
De placer au profit de votre chère nièce,
Seulement pour moitié, cent trente mille francs
Inclus au porte-feuille.

    MERSANGE, *à Mad. Melcour et aux autres.*

              Oh! maintenant j'entends.

      DORSEUIL, *au notaire.*

C'est bien.

         ÉRARD.

    Avec l'enfer avez-vous fait un pacte?

      DORSEUIL, *aux autres.*

Sur sa parole expresse on a dressé cet acte.

         ÉRARD.

Quoi, vous?...

      DORSEUIL, *avec force.*

    Pour votre honneur, oui, je le soutiendrai.

         ÉRARD.

           (*à part.*)
Il est vrai, ma parole. Ah! grand dieu! j'en mourrai.
  (*Il prend la plume pour signer.*)

       DORSEUIL.

Vous vous attendrissez.

        ÉRARD.

           (*à part, en signant.*)
    Beaucoup. Morbleu! j'enrage.

  (*Le notaire lui donne le porte-feuille.*)

       DORSEUIL.

Vous vous ressouviendrez de cet heureux voyage :
Oui, grace à nos leçons, devenant bon, humain...

        ÉRARD.

J'en profiterai peu, car je reparts demain.
  (*Il court dans un coin visiter son porte-feuille.*)

DORSEUIL, *en indiquant les quatre amans.*

Cédons enfin, cédons à leur impatience.
(*à part.*)
Mon cœur a trop long-tems prolongé leur souffrance;
(*aux jeunes gens.*)
Mais, en allant signer, du moins rapprochez-vous.
(*conduisant Raymond à Julie, et Melcour à Céline.*) *
(*à sa nièce.*)
Raymond, voilà ta femme, et voilà ton époux.

MERSANGE, *très-surpris.*

Comment ?

M.me MELCOUR.

Vous voulez rire.

DORSEUIL.

Oh ! non, je suis sincère :
Le fait est important; j'en appelle au notaire.

LE NOTAIRE, *jetant un coup-d'œil sur les contrats.*

« Céline avec Melcour, Julie avec Raymond ».
(*indiquant Dorseuil.*)
Oui, dans l'instant, monsieur m'a fait, en votre nom,
Dresser ces deux contrats, annuller les deux autres :
Quoi ! ses intentions ne seraient pas les vôtres ?

MERSANGE.

Allons ! c'est une erreur.

M.me MELCOUR.

Sans doute, expliquons-nous,

LE NOTAIRE.

Lorsqu'il m'a fait agir, c'était au nom de tous.

RAYMOND, *à Dorseuil, avec joie.*

Vous auriez deviné !...

---

* Dans cette scène, Raymond et Céline sont à la droite de Dorseuil, Melcour et Julie à sa gauche ; et Dorseuil, en les faisant traverser devant lui, les change seulement de place.

_ MELCOUR, *de même.*

Dans ma vive allégresse !...
Bonheur inattendu ! votre adorable nièce...

MERSANGE.

Seraient-ils tous d'accord ?

DORSEUIL.

Pour le coup, non vraiment;
Non : moi seul vers mon but j'ai marché constamment:
J'ai surpris leur secret, malgré leur défiance :
Je les ai réunis, et voilà ma vengeance.
(à Mad. Melcour et à Mersange.)
Maintenant, prononcez; j'ai cru remplir vos vœux,
Car vous m'aviez chargé de faire des heureux.

MERSANGE.

Mon cœur approuve tout.

M.me MELCOUR.

Et le mien, cher Mersange !
Ils sont tous vertueux, on ne peut perdre au change.

SCÈNE XII ET DERNIÈRE.

LES MÊMES, BONIFACE, CATHERINE, *parés.*

DORSEUIL, *appercevant Catherine et Boniface qui étaient dans le fond.*

C'EST VOUS ! *(leur faisant signe d'avancer.)*

BONIFACE.

Tantôt votre air un peu préoccupé...
Nous n'osions approcher.

DORSEUIL.

Ah ! tout est dissipé :

Nous goûtons maintenant un bonheur sans mélange.
Mais vois donc que d'heureux en un jour, cher Mersange!
Tandis que nous comblons les vœux de quatre amans,
Ces vieillards, resserrant d'anciens engagemens,
Des bonnes mœurs encor veulent servir la cause;
Ainsi l'amour...

CATHERINE.

Le mot ne fait rien à la chose;
Nous ne disputons pas sur nos vrais sentimens;
Et si c'est un caprice, il est de cinquante ans.

DORRSEUIL.

Dès demain nous ferons et noce et cinquantaine.

BONIFACE, *indiquant les amans.*

Je vois qu'un tendre échange a terminé leur peine.

DORSEUIL.

Oui, le ciel, dirigeant leurs tendres sentimens,
Au lieu de deux neveux, me donne quatre enfans,
Qui, pour payer mes soins, achevant mon ouvrage,
Feront, par leur exemple, aimer le mariage.

FIN.

VARIANTES,

La dernière scène de la pièce, c'est-à-dire l'arrivée de Boniface et de Catherine peut se supprimer à la représentation par un simple rapprochement ; ainsi après ce vers de l'avant-dernière scène :

Ils sont tous vertueux, on ne peut perdre au change.

DORSEUIL.

Le ciel, en dirigeant leurs tendres sentimens,
Au lieu de deux neveux me donne quatre enfans,
Qui, pour payer mes soins, achevant mon ouvrage,
Feront, par leur exemple, aimer le mariage.

De l'Imprimerie de BALLARD, rue J. J. Rousseau, n°. 14.

On peut plaire avec des fables;
Vous apprites, à vos frais,
Que les trompeurs sont aimables :
Vos amans sont des Français.

Madame BROCHURE.

De la liberté nouvelle,
Faisons fleurir les bienfaits;
Nous avons vaincu pour elle;
Mais vainqueurs donnons la paix:
Des ennemis de la France,
Vengeons-nous par des couplets.
Connoît-on d'autre vengeance,
Quand on a le cœur français ?

L'ABBÉ.

On dérange mes affaires,
Je prends le tout sans humeur;
Quelques-uns de mes confrères
N'ont pas la même douceur.
Qu'amour, fidelle à mes traces,
Me conserve ses bienfaits;
Je chanterai mes disgraces;
Pour garder l'esprit françois.

EPIMÉNIDE.

Maître de ma destinée,
Roi des hommes et des dieux,
Si ma course est terminée,
Que je vive dans ces lieux.

D

LE RÉVEIL D'EPIMÉNIDE,

S'il faut qu'encor je sommeille,
Exauce au moins mes souhaits;
Fais que toujours je m'éveille
Au milieu des bons Français.

FIN

www.ingramcontent.com/pod-product-compliance
Lightning Source LLC
LaVergne TN
LVHW022024080426

835513LV00009B/861